AF209099

MIN KUSSE

Yasmin Türkoğlu

MIN KUSSE

Min kusse er klam og våd
Ikke fordi han har været der
Og slikket mig
Til en svulstig orgasme
Men fordi
Jeg føler mig beskidt
Og det har jeg gjort
Lige siden den dag
De kom forbi og røvede mig
Min kusse er klam og våd
Og lugten af deres sperm
Sidder stadig i mine næsebor
De troede det nok var min skyld
Som om jeg går nøgen rundt
Og skriger: Knep mig Knep mig
Med en smækliderlig våd kusse
Til fri afbenyttelse for enhver
På min vej
Siden da har jeg ikke været hel
For følelsen af klam kælling
Sitrer mellem mine læber
Så jeg kan ikke klare det mere
Og må sige det til nogen
Og det blev dig.

Min hud er spændstig
Under hans vægt
Jeg forsøger at forsvare mig
Men de holder mine hænder
Deres fede lemmer
Pumper i mine huller
Som var det en indstuderet pornofilm
Jeg ser ved lejlighed
Med min liderlige kæreste
Og drømmer: Gid det var så vel
Gråden jeg hører er min egen
Ligesom det varme blod
Der størkner mellem mine ben
Og jeg kvæles ved lyden
Af deres horen mod min krop
Der falder sammen i deres varetægt
De kysser og pisser
Og mere husker jeg ikke.

Jeg går meget ud
I mine tanker
Jeg danser let og elegant
I de sociale medier
Mine venner elsker mig
Jeg er fræk og sexet
Det er lidt nej temmelig
Grænseoverskridende
Synes jeg selv
Jeg dater meget
Som et rigtigt menneske
Og når det bliver alvor
Aflyser jeg
Jeg tør ikke møde nogen
Når virkeligheden presser sig på.

Min fisse udstiller jeg *live*
På nettet
Mens jeg barbarer den
Mine tilhængere
En slatten håndfuld
Sender mig søde beskeder
Der pirrer mit ego kortvarigt
De har døbt min fisse:
The Red Rose
Og tigger ustandseligt
Om at se den igen
Jo oftere jeg optræder
Jo mere *lonely* bliver jeg
Og selv deres gaver
Gør mig ikke lykkelig.

De taler om *daddies* og *babes*
Jeg har prøvet dem begge
Sundt er det ikke
Det er dejligt med dyrt lingeri
Chokolade og gode middage
Men mit hjerte knirker
Og min skede er tør
Som sand i Sahara
Der er noget der hedder:
Kill your darlings
Og det gør jeg så
Min kusse dør af ensomhed
Og har abstinenser
Selv er jeg en glad billig tøs
Der venter på bedring
Thi den rette er derude.

Jeg vasker den grundigt
Så jeg ikke får klager over den
Visse mænd vrisser med næsen
Over dens lugt
Det gør mig ked af det
Jeg er ren
Og stanken af sæbe
I mine fingre
Dulmer min liderlighed
Jeg er knastør
Og hans tunge er ru som satan
Jeg stønner dog lystigt
Begærligt og hengivent
Han skulle bare vide
At det er tanken om
Jordbær med fløde bagefter
Der pirrer mig
- Ad siger han
Og skubber mig væk
- Hvad fanden har du gang i
Piver han og tørrer ansigtet
- Det er bare tis ler jeg cool
- Din møgfisse Vask den
Siger han og skrider.

Når du penetrerer
Min tabte mødom
Skærer havets sølv
Gnubbende
Mod min hud
Fuglene bifalder
Din parringsakt
Da du kysser
Er der stilhed
Og ingen fugle
Jeg ryster dig af mig
Og går i bad.

Der er noget tragisk ved kvinder
Der frasiger sig begæret
Og ikke lader sig forføre
Jeg elsker det
Mænd er rovdyr
Det skal man respektere
Jeg er kvinde og jeg står ved det
Det er ikke noget problem
At de tager mig Knepper mig
Det er deres ret Sådan har jeg det
En kvinde skal tilbedes Elskes
Kvinde stå ved din kvindelighed
Eller dø i jomfruelighed
Jeg lader rovdyret komme til
For at føle jeg er levende
Blandt døde.

Spejlet er skræmmende
Jeg ser ting jeg ikke bør se
Jeg bruger make-up
Men en hård arbejdsdag
Ødelægger den
Jeg står pillet angst tilbage
Og tør knap kikke i spejlet
Jeg ser slidt og brugt ud
Hvem gør ikke det i vore dage
Jeg indrømmer det bare blankt
Jeg ved hvad jeg laver
Og sådan er det i mit bageri
Kik hjertens gerne forbi
Jeg slukker både din tørst og din sult.

Det bløder
Jeg tror ikke det er bevidst
Jeg skærer mig
Når jeg barberer
Skridtet
Eller benene
De gange
Det er sket *live* på nettet
Er mine tilbedere hoppet af
Og dem jeg socialiserer med
Fortæller jeg det ikke
Så sygeliggør de det
Og jeg er *ikke* syg
Jeg bliver svimmel
Ved synet af blod
Mellem mine lår
En ulmende fred
I mine vener
Gør mig glad.

Ømhed
Jeg elsker denne *feeling*
Af dine fingre der danser
På min krop
Dine sanselige berøringer
Stimulerer min hjerne
Der hæmningsløst
Åbenbarer mine lyster
Du udnytter mig
På det groveste
Jeg er din
Af nød.

Afstand
Tænder mig
Mænd er besidderiske
Og dybt jaloux
Jo længere væk de bor
Jo mere påskønner de en
Materielt Og det er rørende
Det er skønt at blive tilbedt
Og forventer de gengæld
Giver jeg dem sparket
Nærvær af en vis karat
Gør mig bange.

De gyldne stråler
Solstråler
Mod mit ansigt
Pirrer mig mere
End hans kys
Der føles ækelt
Og foruroligende
Jeg misser med øjnene
Mod vintersolen
Der befrier mig
Fra hans tunge stød
Jeg er svævende
Og drypper af tilfredshed.

Vi kvinder
Bruger vores udseende
Og vores fisse
Når ord ikke slår til
Jeg ved
Rødstrømperne
Og de nye feminister
Fryser mig ihjel
Men jeg mener det
Får I ikke jeres vilje
Er det sexchikane
Og simpelt tyranni
Vi er og blir
Udspekulerede fjamser
Og ved I hvad
Jeg nyder det
Man er vel kvinde.

Jeg bruger make-up
Og andre Botox
Som et skjold
Mod aldring
Botox fjerner rynker
Og hjernen
Der smiler naturligt
Har jeg opdaget
Jeg får fnat af de kendte
De ligner zombier
Med deres livløse ansigter
Og deres smalle taljer
Minder om husmødrene fra 50'erne
Der var stavnsbundede til deres hjem
Det er da klart at jeg er jaloux
For jeg ligner ikke dem
Med mine runde former
Men hvad gør det
Når mænd elsker mig
Som jeg er.

Han forfører mig med musik
Mens vi ligger i ske
Jeg døser hen slap og dovent
Hans hænder masserer mig
Og jeg labber det i mig
Han er vidunderlig følsom
Som en hengemt bøsse
Der hellere vil kæle end kneppe
Og det bekommer mig vel
Jeg er slidt og slet ikke trængende
Vi kysser ikke Det er han ikke til
Og tænk det savn gør
At jeg ikke vil se ham mere
Hvem tror han jeg er.

Mine læbestift-veninder
Er til tant og fjas
Og aldrig til fortrolighed
Den deler jeg med mænd
Det er jeg mere tryg ved
Der er noget monotont
Over mine veninders ynk
Om tidskrævende børn
Og trælse utro ægtemænd
Der ikke værdsætter dem
Jeg lytter
Og stritter jeg lidt imod
Siger de straks:
Du kan jo også sagtens
Så er det jeg går kold
Og tænker: Enhver
Er sin egen lykkes smed
Jeg rejser mig
Og går på toilettet.

Lidt nedsættende
Kalder de mig singlepigen
Der ikke kan få nok
Jeg bider det i mig
Og taler om ingenting:
Sko smykker og parfume
Mens jeg forbander dem
De keder sig ved det
Og betror mig straks
Om deres slibrige affærer
Med lækre mænd
Det lugter mere af opspind
End realiteter men jeg tier
Og lader mig imponere: Wow
- Får du også dyre gaver
- Nej jeg betaler smiler jeg
- Betaler Er det escortfyre
Snerrer de nyfigent
- Nej jeg kan ikke købes
Slår jeg fast og takker af
- Jamen bliver hængende
Thi jeg svarer dem ikke
Egentlig har jeg lyst
Til at blamere dem
Overfor deres mænd

En bitch ville nok gøre det
Men der går min grænse
Jeg dropper møderne
Med tiden.

Karrierekvinder
I mandhaftige jakkesæt
Er min favorit
De spreder gerne ben
På vej mod toppen
- Udsigten er god
Og lønnen pragtfuld
Siger de overlegent
Og jeg giver dem ret
Som nyuddannet
Og topmotiveret
Ville jeg være som dem
Jeg var bare den
De ikke ville lege med
Jeg bærer ikke nag
For prestige i sig selv
Giver mig ikke behag
Jeg kravler i mænd
Af lyst og ikke for en sag
Der kan volde en ubehag
Karrierekvinder kan det
Jeg ikke kan
Og det gør mig stolt.

Det føles mærkbart
Ikke at have født
Jeg har ingen identitet
Der sætter sig spor
Når jeg går herfra
Ingen der savner mig
Måske mine elskere
Hvis de overlever mig
Jeg var en arbejdsbi
Der ikke tænkte på
At formere sig mens tid var
En rugemor der bager barnet
Som jeg så får tiltaler mig ikke
Det er og bliver ikke mit barn
Babylort skrål og søvnløse nætter
Som alenemor er heller ikke mig
Det er for besværligt
Jeg misunder dem der kan
Dem der vil Bare ikke mig selv
Der er tomt til tider
Og det stikker i hjertet
Det må så være min lod.

Når weekenderne tager over
Og jeg sidder alene tilbage
Summer lejligheden ensomt
Det har jeg det helt fint med
Jeg læser ser tv og går en tur
I regn og slud
Jeg sorterer stilheden
Der løber langs væggene
Det har jeg det helt fint med
Jeg elsker mit singlehjem
Og det gør spøgelserne også
Jeg fortæller det ikke til nogen
På de sociale medier og på arbejde
Er alt fryd og gammen
Jeg lukker dem ikke ind
Hvor smilet stivner
Og sminken forsvinder
Jeg er bange
Jeg siger det ikke til nogen.

Ubarberede kvindeben
Er usexede
Jeg har en elsker
Der er vild med det
Han synes det er perfekt
At jeg hader det
Når han taler om det
Er jeg ved at kaste op
Han er en gudbenådet knepper
Der får min krop til at slå gnister
Men jeg kan ikke mere
Min fisse har hår i hovedet
Og trækker sig
Når han skal ind
Vi er ikke det match
Han tror vi er
Og da jeg beder ham finde
Et par sexede kvindeben
Begynder han at græde
Mænd der græder
Er følsomme fisseletter
Jeg ikke kan have i mig
Jeg er til mænd
Og glatbarberede pikke.

Det kommer altid bag på mig
Og jeg lærer det aldrig
Så er det det sker
Der kommer blod på lagnet
Som var det den nat
Jeg mistede min mødom
Og han tog den bare med sig
Det sker igen og igen
Jeg ligger nøgen
Uden en Tampax i skeden
Der forstyrrer min nattesøvn
Jeg har en vaskemaskine
Der fjerner blodet
Dog ikke manden
Der snød mig
Ham mindes jeg
Hver gang jeg har menses
Og det nager mig.

Det flænser min krop
Og jeg burde tage hjem
Men jeg lader som ingenting
Menstruationshelvedet
Har Gud skabt!

Der er ingen tvivl
Når det kommer til smerter
Er vi kvinder bedre end mænd
Vi reklamerer bare ikke med det
Ligesom disse seje mænd
Der bare vil stikke den ind
Der er ingen tvivl
Vi er lunefulde og svære at forstå
Når menstruationen hærger
For disse seje mænd
Der bare vil stikke den ind
Men vi melder os ikke syge
Og møder på arbejde
Om det så sejler for os
Modsat jer seje mænd
Der bare vil stikke den ind
Der er ingen tvivl
Vi kvinder er heltinder
Som ingen vil kendes ved
End ikke os selv
Se det bekymrer
Selv sådan en som mig
Hvor mænd bare stikker den ind.

Der er noget over en gentleman
Med dannelse og pli
Der sender et brev med posten
Jeg blev beæret og flyvsk
På samme tid Hvad gør man
Svarer man Og hvordan
Jeg spurgte en veninde
Der blev små-jaloux
Over et levn
Fra det forrige århundrede
Og en elsker perpleks
Over en romantikker
Der legede gentleman
Jeg blev ikke klogere
Og svarede:
Kære du
Tak men nej tak
Jeg er ikke god nok
Der kom en buket roser
Og en glad gentleman
Jeg ikke kunne modstå.

Sjuskedorter
Der ligner lort
Orker jeg ikke
Sjuskedorter
Jeg savner
Kunsten at forføre
Og lade sig forføre
Sjuskedorter
Vågn op
Vær kvindelige
Glem det nu ikke.

Jeg vil gerne være perfekt
Hvem vil ikke det
Jeg vil gerne være dygtig
Hvem vil ikke det
Jeg vil gerne være vellidt
Hvem vil ikke det
Jeg vil gerne elskes
Hvem vil ikke det
Jeg vil gerne være to
Hvem vil ikke det
Jeg vil gerne have børn
Hvem vil ikke det
Men jeg har det ikke
Jeg vil gerne alt det
Jeg ikke har
Er jeg den eneste kvinde
Der har det sådan?

Jeg har måske sagt det før
Og jeg siger det igen
Vi har det ikke nemt
Det er ikke som i gamle dage
Hvor mænd tog sig af os
Og hvor vi kunne bage kager
Og hygge os med naboen
Hvor der var oceaner af tid
Til at lege med far og mor
Og holde om hinanden
Jeg kender knap min nabo
Der ligesom jeg stresser
Og forvilder sig i tid og rum
Vi siger: *Hej* og *Farvel*
Og kender hinandens ve og vel
Fra de sociale opdateringer
Der lever det liv vi selv går glip af
Jeg er holdt op med at leve der
Hvor ensomheden bliver bitter
Og forpester det samvær
Jeg selv sådan higer efter
Vi kvinder der bor alene
Trænger også til et kram
Og en trøstende hånd.

Siden jeg ikke nåede til top
Er jeg blevet glad for mit job
Jeg kommer og går
Og arbejder over
Hvis jeg skal og passer mig selv
Jeg klager ikke over min løn
Og spiser gerne havregrød
Når kassen er tom
Jeg er god ved mig selv
Bilder jeg mig ind
Hver gang jeg går i Magasin
Og køber lækre ting
Jeg absolut må eje
Som var det samleje
Jeg ikke kan leve foruden.

Mine elskere spørger:
Hvorfor svinger kvinder
Jeg siger: Det gør vi bare
Og lukker det med et kys
Jeg er til hyrdetimer
Og ikke kvindepsykologi
Der tærer på livets energi.

Jeg laver knibeøvelser
Til glæde for os begge
Jeg træner balder og mave
Til glæde for os begge
Jeg smører mine bryster
Dagligt med økologisk olie
Og holder dem i form
Til glæde for mine mænd
Med moderkomplekser.

Det er ikke nemt at være single
Det er ret hårdt faktisk
Jeg burde ikke sige det
For så krakelerer glansbilledet
Men jeg kan ikke mere
Det hele er et skuespil
Og det er ikke så fedt
Som I går og tror
Skønt jeg er der for jer
Er I der aldrig for mig
Når det brænder på
Og det sårer mig dybt
At I holder mig for nar
Jeg er ikke mere den
Der kan det hele
Spørg til mit ve og vel
Så jeg føler mig hjemme.

Jeg er på en evig kur
Jeg spenderer mange penge
På blade og diætister
Jeg vejer mig i tide og utide
Og det går mig på nerverne
At jeg tager på lige meget hvad
Jeg kaster op Spiser ingenting
Tager et afføringsmiddel igen
Om aftenen går jeg sulten i seng
Jeg foretrækker en mand
Frem for en dødssyg kur.

- Han er en vatpik En rigtig vatpik
- Skat det er dig der har kastreret ham
Veninden smækker røret på
Og klokken er 3 om natten
Veninder Tag jer nu sammen
I vil have ligestilling og alt det lir
Der gør mænd til slatne piger
De kan ikke både gøre rent vaske op
Passe børn agere bror og søster
Eller en trøstende far og mor
For så at få den op at stå
Når jeres kusser får lyster
Veninder Tag jer nu sammen
Forsvar hellere jeres mænd
I stedet for at eliminere dem.

Det er in
Med intimkirurgi
Og når jeg onanerer
Foran spejlet
Overvejer jeg
Et forskønnelsesindgreb
Jeg kan godt se
Min elskede skede
Ligner et krater
Der savner en makeover
Så den mit organ ser ungt
Sprødt og jomfrueligt ud
Men kan jeg undvære det
En månedstid
Og har jeg mon råd til det?

- Du viser ikke tillid Stol på mig
Sagde han og bandt mig til sengen
Med bind for øjnene
Da min angst lagde sig
Bagved stilheden
Åbnede min brunst sig eksplosivt
Jeg ville have ham Hvor var han
Min krop dirrede forventningsfuldt
Og skreg efter at mærke ham
Hvor blev han af Det var uudholdeligt
Ingen lyd Ingenting Pludselig fodtrin
Og en dør der går op
Flere fødder der nærmer sig
Jeg rusker mig løs så sengen ryster
- Slip mig fri Slip mig så fri
Jeg får en hånd for munden
Og en finger leger med klitoris
- Skat giv dig hen hvisker han
En maskine brummer
Og det sortner for mig

Jeg vågner
Ved blide berøringer
I hans bløde men utrygge arme
- Undskyld min gave gik i vasken

44

Jeg ville overraske dig
Med en lille rose tattoo
Som bevis på at jeg elsker dig
Smiler han og kysser mig
For allersidste gang.

Der er kys der aldrig
Hænger ved
Og kys der aldrig
Forsvinder Dør
Jeg støvsuger dem begge
Thi jeg er kvinden
Der samler på arsenaler
Til endnu bedre tider.

Jeg lurer i natten
Når de overnatter
De kommer glædeligt igen
Om jeg binder og pisker dem
Jeg elsker mænd
Der stoler på mig
Jeg er ikke
Traumatiserende
Ligesom dem.

Jeg er på
Tidens tømmerflåde
Og giver jeg efter
Ender jeg med at drukne
Jeg foretrækker livet
Og køber piller
På det sorte marked
Der ikke virker
Jeg slår ikke til mere
Og jeg skammer mig.

Min kusse er eddikesur
Og politiet er nyttige idioter
Der ikke finder den interessant
De lader den florere i kongeriget
Så krænkelsen bliver abnorm
Og selvmordstruende
Jeg kan ikke gøre noget
Andet end at gemme mig
Jeg er nul og niks
Og ham der får et fiks
Fordi han udstiller mig
Sover trygt og godt
Mens jeg brækker mig
Jeg begynder at hade mænd
Der ser min krop og min sjæl
Og min glatte kusse
Uden at jeg selv er herre over det
Jeg udstiller gerne min kusse
Til ære for mine mænd
Hvis jeg har lyst og kun den
Den er anonym Det er *jeg* ikke.

Jeg kan ikke og du
At drømme *partout*
Det at være her
Blandt dine tanker
Og dufte til følelserne
Af kvindelighed
At tilgive
Begivenhederne
Og bare være der

Jeg søger mod familien
Når livet banker på
Og jeg ikke kan rumme det mere
Men den er der bare ikke
Og det er min egen skyld
Jeg flygtede hjemmefra
Og tog afstand til den
Fordi jeg ville kærligheden
Der kun viste sig at være sex.

Min kusse taler om sperm
Og alle de ufødte børn
Mine bryster om
Omsorg og omsorgssvigt
Der hyler i stormvejr
Og mit ansigt tier
For ikke at forklejne
Den sorg vi har tilfælles
Jeg masturberer
Jeg er levende
Jeg forsvinder
Og siger ikke mere.

Tiden er inde til at sige farvel
Pas godt på dig selv
Jeg vil mindes dig på godt og vel.